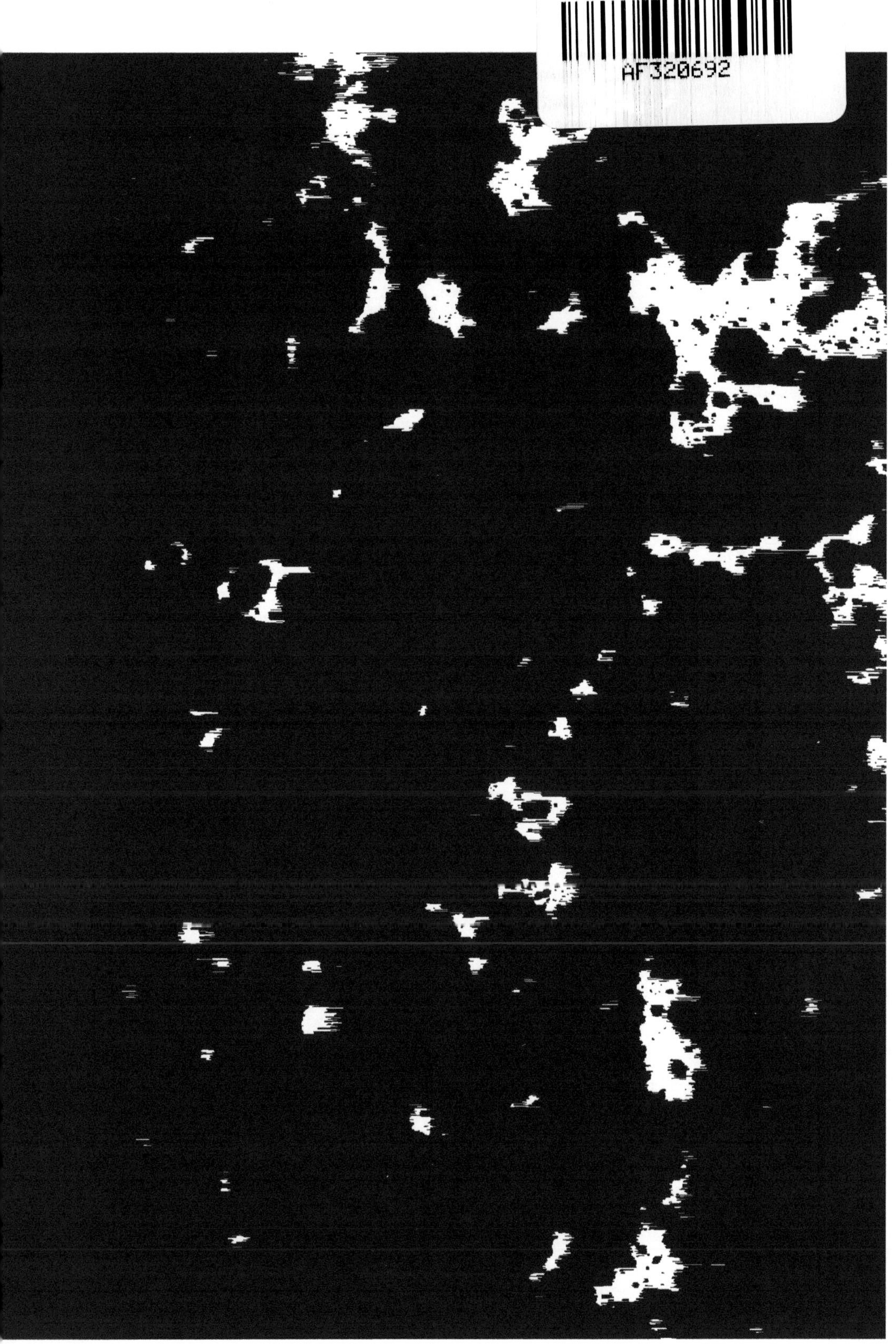

BIGAMIE

DE

NAPOLÉON BUONAPARTE.

Lex prima ulcisci, secundaque vivere rapto;
Tertia mentiri, quarta negare Deos.

SÉNÈQUE.

Sa première loi (d'un Corse) est de se venger ; la
seconde, est de vivre de rapines ; la troisième, de
mentir ; la quatrième, de nier l'existence des Dieux.

BIGAMIE

DE

NAPOLÉON BUONAPARTE.

PAR

M. LE COMTE DE FIRMAS-PÉRIÉS,

Maréchal des camps et armées du Roi de France, Chevalier de
l'Ordre royal et militaire de Saint-Louis, et Grand'Croix de
l'Ordre équestre, royal et militaire de Saint-Michel en Bavière ;
Grand-maître, Conseiller-intime-privé-actuel, et Chambellan
de S. M. le Roi de Würtemberg, etc., etc., etc.

PARIS,

ADRIEN ÉGRON, IMPRIMEUR
DE SON ALTESSE ROYALE MONSEIGNEUR DUC D'ANGOULÊME,
RUE DES NOYERS, N° 37.

LELONG, LIBRAIRE, AU PALAIS ROYAL,
GALERIE DES OFFICES, N° 4.

NOVEMBRE 1815.

BIGAMIE

DE

NAPOLÉON BUONAPARTE.

Napoléon (1) ou Nicolas Buonaparte (2),

(1) Buonaparte seul s'appelait en Europe Napoléon.
Ce nom extraordinaire indique, dans l'Apocalypse,
un destructeur de villes.

(2) Pour faire oublier qu'il était Corse, l'usurpateur avait changé l'orthographe de son nom; il en avait retranché l'*u*, et voulait s'appeler Bonaparte, et non Buonaparte. Aussi disait-il à l'historiographe Réal : « A-t-on recherché la vie privée de Romulus « jusqu'au moment où il fonda Rome? Non. Quoiqu'il « fût un brigand, on l'a fait descendre des Dieux; et « la mythologie politique des Romains, en lui don- « nant cette céleste origine, le fait allaiter par une « louve plutôt que par une femme, afin d'environner « d'un mystère plus profond et d'un respect plus reli- « gieux les premières années de ce grand homme. « L'histoire ne nous parle du berceau d'Hercule, que « pour nous montrer ce demi-dieu étouffant dans ses « bras enfantins deux énormes serpens; et Alexandre, « et César, et Auguste n'ont-ils pas été mis au rang

car tout en lui, jusqu'à son nom, est équivoque,

« des Dieux ? Ne leur a-t-on pas aussi prêté une ori-
« gine divine ? Pour qu'on nous respecte, il ne faut
« pas que l'on sache ce que nous avons été : l'histoire
« doit laisser cela dans le vague. Les grands hommes,
« les fondateurs des grands empires doivent appa-
« raître à la postérité comme l'astre du jour se montre
« aux humains. Avant qu'il ne se montre, tout est té-
« nèbres, obscurité ; ensuite une teinte vaporeuse
« l'annonce, puis ses premiers rayons offrent toutes
« les gradations de la lumière et des couleurs : bien-
« tôt il brille, il éclaire, il éblouit, il échauffe, il fé-
« conde.... Enfin l'Océan, qui lui servit de berceau,
« le reçoit dans son sein à la fin de sa radieuse car-
« rière. Ainsi vous ne devez pas dire, il faut même
« qu'on oublie que je naquis à Ajaccio, que mon père
« était greffier ou assesseur d'un tribunal subalterne,
« que j'ai été élevé à l'Ecole Royale et Militaire. Fai-
« tes-moi sortir de la Méditerranée ; dites qu'elle me
« vit naître au milieu des parfums qui embaument ses
« îles délicieuses. Il faut me faire descendre des rois
« de Lacédémone : oui, j'aime une origine spartiate ;
« cela explique la sévérité de mes manières, ma so-
« briété, mon activité, ma santé de fer, et mon cœur
« d'acier. Mon nom existe dans toutes les langues : on
« le trouve dans celles des Grecs, des Mainottes, il est
« gravé sur les monumens de l'Egypte et au milieu du
« grand désert ; le voyageur le retrouvera, dans mille
« siècles, dans la bouche de l'Arabe vagabond. Enfin

(7)

naquit à Ajaccio, en Corse, le 15 août 1769 (1).

« je veux qu'il existe un grand vide dans l'histoire
« depuis le moment de ma naissance jusqu'à celui de
« mon élévation. Je veux que vous représentiez la ré-
« volution française comme le chaos qui a précédé
« *ma création.* Les hommes, les choses, rien ne doit
« offrir des formes positives pendant cette confusion
« des élémens sociaux. Je ne veux pas que l'histoire
« recueille un seul des noms de cette époque; le mien
« seul doit en sortir : c'est comme la foudre qui, née
« du choc des nuages, les disperse ensuite par un
« bruit formidable, par ses terribles explosions, pour
« rendre aux humains un ciel serein et un air élas-
« tique. Quelques traits lumineux, tels que mes jour-
« nées les plus fameuses, s'éleveront, de temps en
« temps, comme de brillans météores, sur cette mer
« de sang et de larmes; mais ces fanaux historiques ne
« seront vus qu'à de grandes distances, et ils n'indi-
« queront des événemens, que ce qui servira à prouver
« que j'étais né pour régner sur les humains, pour
« changer la face du monde. »

Tout ce discours est d'une vérité inattaquable au
fond : on y reconnaît l'entassement d'idées, l'orgueil
démesuré, tranchant, du personnage; il n'y a qu'une
omission involontaire, celle des expressions incor-
rectes et des tournures étranges du jargon de Buonaparte, qui n'ont pas été aussi bien saisies, dans la volu-
bilité du débit, que le caractère intellectuel et moral.

(1) M. Salgues veut que Napoléon soit né le 5 fé-

Son père était assesseur, d'autres disent greffier du tribunal d'Ajaccio (1). Sa mère, Lœtitia Ramonili, acheta, dit-on, la protection du marquis de Marbœuf, qui, en 1777, fit recevoir Napoléon à l'Ecole Royale et Militaire de Brienne, d'où, sept ans après, il passa à celle de Paris. Il fut nommé, en 1785, lieutenant

vrier 1768, et non le 15 août 1769. Il prétend que Napoléon avait retardé l'époque de sa naissance, pour pouvoir dire qu'il était né Français; car la Corse n'a été conquise qu'en 1769. M. Salgues se fonde encore sur l'extrait baptistère produit par Buonaparte, en 1794, lors de son mariage avec Joséphine Tascher de la Pagerie, veuve Beauharnais; et dont il est fait mention dans le contrat passé à cette occasion devant Raguideau, notaire à Paris. Mais M. Salgues paraît avoir ignoré que Buonaparte, pour hâter son mariage, n'eut pas la patience d'attendre son véritab e extrait baptistère, qu'il faisait venir d'Ajaccio, et qu'il se servit de celui de son frère Joseph, né dix-sept mois avant lui. Les registres de l'Ecole Royale et Militaire donnent le 15 août 1769, pour la date de la naissance de Napoléon, et il faut y croire; on n'avait pas alors intérêt à tromper.

(1) M. le vicomte de Châteaubriand est le premier qui ait écrit que Buonaparte était fils d'un huissier. On a vérifié que c'était le grand-père, et non le père de Napoléon qui avait effectivement exercé cet emploi.

en second au corps royal de l'artillerie, régiment de La Fère (1). A la révolution, la plupart des officiers de ce régiment ayant émigré, son ancienneté le porta au grade de capitaine. Il servait encore dans ce grade le 26 frimaire an II (1794), lors du siége de Toulon. Ce fut à l'attaque du fort Pharaon que Barras le remarqua. Celui-ci voulait faire changer une batterie de place; Buonaparte lui répondit : « Elle « restera là, et je réponds du succès sur ma « tête. » La batterie resta, et le fort Pharaon fut pris. Barras nomma Napoléon général de brigade, et le Comité de Salut Public donna à celui-ci l'inspection des côtes de la Méditerranée.

A la mort de Roberspierre, on trouva parmi

(1) Buonaparte n'a pu être, comme le disent quelques notices, sous-lieutenant d'artillerie. Le corps royal n'a jamais connu ce grade. On n'y comptait que des lieutenans en premier, en second et en troisième : ceux-ci étaient des bas-officiers, à qui on voulait donner le rang d'officiers. N'ayant pas reçu l'instruction nécessaire pour monter au grade de lieutenant en second, et successivement de lieutenant en premier et de capitaine, ce grade de lieutenant en troisième était le terme de leur avancement.

les papiers de ce monstre plusieurs lettres de Buonaparte qui l'excitaient à faire *des coups d'Etat*, à guillotiner la moitié de la Convention, à brûler les faubourgs de Marseille, et à exterminer tous les habitans des villes rebelles. Le représentant du peuple Beffroi le fit arrêter à Nice, et Aubry, ancien capitaine d'artillerie, étant à la tête du nouveau Comité de Salut Public, le destitua, et voulut le faire déporter à Cayenne, avec Billaud-Varennes et Collot-d'Herbois (1).

Privé alors de tous moyens d'existence, manquant de tout, Buonaparte se rendit à Paris, pour y implorer la pitié de Barras, son unique protecteur. Celui-ci vivait publiquement avec Joséphine Tascher de la Pagerie, veuve du vicomte de Beauharnais. Voulant se défaire d'elle, Barras jeta les yeux sur Buonaparte, qui, réduit au dernier degré de misère, et peu délicat sur les moyens qui pouvaient lui offrir

(1) Buonaparte, devenu premier consul, se vengea cruellement. Aubry avait été déporté le 18 fructidor; le Corse rappela de Cayenne tous les compagnons d'infortune d'Aubry, à l'exception de celui-ci, qui mourut en exil.

quelque ressource , n'était pas homme à refu-
ser. Le marché fut donc aussitôt conclu que
proposé , et la maîtresse de Barras devint l'é-
pouse du Corse. Les motifs qui engagèrent le
premier à faire conclure ce mariage, semblent
nous garantir que toutes les formalités qui de-
vaient alors en assurer la durée furent scrupuleusement remplies. Depuis la restauration ,
des journaux ont annoncé, sans jamais avoir
été contredits, que l'acte en forme existe dans
les notes de Mc Raguideau, notaire à Paris. Quoi
qu'il en soit, on ne peut douter que ce mariage
n'ait eu cette notoriété publique qui suffisait
pour le faire considérer comme constant et
véritable , et qui, d'après la jurisprudence que
tous les Parlemens du royaume avaient adop-
tée et suivie jusqu'en 1788 , par rapport aux
mariages que les Protestans contractaient, suffisait aussi pour le faire regarder comme légitime, et pour lui donner tous les effets civils.

Lorsque le pape Pie VII vint en France
pour sacrer le nouvel Empereur, il se passa, la
veille du couronnement , une scène, dont un
témoin de très-haut rang nous a transmis les
détails que voici :

Le Pape, Buonaparte, Joséphine, le Prince

Primat de la Confédération du Rhin, et le cardinal Fesch, étaient dans le cabinet de Napoléon. Tout-à-coup Joséphine adressant la parole à Pie VII, lui dit : « Très-Saint-Père, j'ai « épousé l'Empereur pendant la révolution ; « notre mariage a été béni par un prêtre *jureur* ; « je prie Votre Sainteté de me dire s'il est « valable ? »

« Le saint Concile de Trente, répondit le « Souverain Pontife, ordonne, à la vérité, la « présence du véritable pasteur ; mais dans les « temps difficiles dont il est ici question, V. M. « ne pouvait pas, sans doute, s'adresser à lui. « Elle n'a pas choisi un prêtre *jureur* de prédi-« lection ; Elle a pris le premier, le seul ecclé-« siastique qu'Elle a trouvé. Je pense donc que « nécessité fait loi, et qu'Elle est bien légitime-« ment mariée. En s'adressant à un prêtre de la « Sainte Eglise, Vos Majestés ont fait pour ce « temps-là tout ce qu'Elles pouvaient et de-« vaient. »

« Si V. S., reprit Joséphine, avait le moindre « doute sur la validité du sacrement, je la prie-« rais de nous donner, pour l'acquit de ma « conscience, la bénédiction nuptiale. »

« Cela est inutile, repartit le Pape ; le prêtre

« *jureur* qui vous a bénis était, il est vrai, sus-
« pendu de ses fonctions par notre prédéces-
« seur, mais seulement pour les cas ordinai-
« res, et non pour ceux de nécessité urgente.
« D'ailleurs, l'Eglise, lorsqu'elle réconcilie et
« reprend dans son sein deux époux hétéro-
« doxes, n'exige pas que l'on bénisse une se-
« conde fois leur mariage; elle regarde comme
« valable et légitime l'union contractée selon
« le rit de la secte que l'on abandonne. Ainsi,
« vous êtes dans une position encore plus favo-
« rable; car le prêtre qui a béni votre mariage
« avait du moins le sacrement de l'Ordre, et
« pouvait exercer le saint ministère dans tous
« les cas de nécessité extrême. Vous eussiez
« été tous les trois mis à mort, si on avait dé-
« couvert la cérémonie religieuse. Je pense
« donc que V. M. doit être pleinement ras-
« surée. »

« V. S., dit Joséphine, sera seule chargée,
« aux yeux de Dieu, du péché, si toutefois il y
« en a; car je veux faire tout ce qui est en mon
« pouvoir, pour légitimer et valider ce qui au-
« rait besoin de l'être. »

Ici le Pape réfléchit un moment, et répli-
qua : « Au surplus, pour plus grande sûreté,

« je vous ferai donner une bénédiction condi-
« tionnelle, comme il est d'usage pour les bap-
« têmes, lorsqu'on ignore ou que l'on doute
« s'il y a eu un baptême antécédent. »

Napoléon interrompit ici S. S. : « Quant à
« moi, dit-il, je ne consentirai jamais à une
« seconde bénédiction. Ce serait avouer aux
« yeux de l'Europe que j'ai vécu jusqu'à ce
« jour en concubinage avec l'Impératrice. Un
« tel soupçon lui serait injurieux : je l'aime, je
« la respecte trop pour y donner lieu. »

Le Pape répondit avec humeur : « Rien n'est
« plus difficile que de vous satisfaire ; je vais
« vous dispenser des témoins et de toute autre
« formalité prescrite par le saint Concile de
« Trente. Le cardinal Fesch, grand-aumônier
« de la cour, va sur-le-champ et sans témoins
« vous donner conditionnellement la bénédic-
« tion nuptiale. »

Personne n'insistant plus, Buonaparte, Joséphine et le cardinal Fesch passèrent dans la
chapelle, où, la cérémonie faite, ils revinrent
rejoindre le Pape et le Prince Primat qui étaient
restés dans le cabinet de Napoléon. Il n'a pas
été expédié de bulle ; le cardinal Fesch a reçu
verbalement les dispenses de S. S. Il n'a pas

été dressé d'acte (comme on l'a faussement prétendu) de cette cérémonie. Ni Berthier, ni
Caulaincourt, ni personne n'y a assisté. Le cardinal Fesch, à son retour, rendit compte au
Pape de la ponctuelle exécution des ordres de
S. S. ; et comme la colombe, en s'abattant sur
l'herbe, ignore l'existence des serpens, de
même le cœur droit et pur du Souverain Pontife, ne soupçonnant pas dans les autres la
trahison et le parjure, procéda le lendemain,
sans difficulté, au couronnement et au sacre
des deux époux.

Mais le mariage, d'après les principes de
Buonaparte, n'étant pour les grands souverains qu'une union de convenance, qui ne les lie
qu'autant qu'elle s'accorde avec la raison d'État,
le mariage qu'il avait contracté en 1794, avec Joséphine Tascher de la Pagerie, veuve Beauharnais, ne paraissait plus devoir subsister en
1809. A la première époque, ce mariage était
pour lui très-avantageux ; la femme qu'il avait
épousée était, selon les propres expressions
que très-souvent il a répétées, comme un point
de contact entre l'ancien et le nouveau régime.
Elle appartenait à l'ancien par sa naissance et
par ses alliances, et au nouveau, par le rôle

que son premier mari et ses amans avaient joué dans la révolution. Mais lorsque Buonaparte se fut mis au rang des souverains , la même raison politique lui suggéra de prendre aussi une épouse qui lui servît de point de contact avec eux , et dès-lors , il résolut de répudier Joséphine et de faire prononcer la nullité de son mariage avec elle.

L'exécution légale de ce projet semblait cependant devoir éprouver de grandes difficultés : 1° L'art. 277 du Code civil ne permettait pas d'admettre, pour le divorce, le consentement mutuel des parties, quand la femme avait atteint l'âge de quarante-cinq ans. 2° Un décret du 30 mars 1806 avait formellement déclaré que les membres de la soi-disant famille impériale étaient exclus du droit d'invoquer l'acte constitutionnel qui permettait le divorce aux simples citoyens. Ce décret était ainsi conçu : « Le divorce est interdit aux membres de la « maison impériale de tout sexe et de tout âge... « Ils pourront cependant demander la sépara- « tion de corps. »

Ainsi il ne subsistait civilement, comme on voit , aucun moyen de faire prononcer le divorce. Joséphine avait d'ailleurs, en présence du Prince Primat de la Confédération du Rhin, interpellé le cardinal Fesch d'attester la bénédiction de son mariage donnée, d'après les ordres du Pape, la veille du couronnement. Fesch avait obéi. Ce certificat était décisif, aussi rien ne peut peindre l'accès de colère ou plutôt de frénésie auquel se livra Buonaparte quand Joséphine le lui mit sous les yeux. Des gestes tantôt furieux, tantôt contraints, la démence la plus effrénée à laquelle succédait tout-à-coup un silence plus terrible que les plus violens transports ; le regard profond, concentré qui semblait scruter toutes les pensées des témoins, interroger leur conscience, ou les menacer de tous les supplices ; des mots tantôt proférés rapidement, tantôt entrecoupés, tel était Napoléon quand il eut lu ce certificat de bénédiction nuptiale.

Joséphine le calma cependant en lui disant froidement : « J'ai voulu vous prouver qu'il ne « vous était pas si facile qu'on a pu vous le « dire, d'anéantir toutes les traces de la légi- « timité, je puis dire la sainteté de notre union. « Vous n'aviez pas soupçonné que le Cardinal « oserait rendre hommage à la vérité ; j'ai voulu « vous détromper. Remplissant ainsi près de

« vous les fonctions de l'esclave qu'on mettait,
« à Rome, derrière les triomphateurs, pour
« leur rappeler qu'ils étaient hommes, je vous
« dirai que l'hommage que vous voulez rendre
« aux préjugés des peuples et aux prétentions
« des dynasties légitimes , en prenant une
« épouse parmi ces dernières, diminuera , au
« lieu d'augmenter , votre considération aux
« yeux de l'Europe. Chacun verra qu'il manque
« quelque chose à vos droits, à votre dignité,
« et que vous cherchez à y suppléer en emprun-
« tant d'une autre famille l'éclat et la consis-
« tance que vous ne pouvez trouver ni dans les
« suffrages du peuple Français , ni dans une
« longue série de triomphes: Dès lors c'est fait
« de vous et de ce qu'il vous plaît d'appeler
« *votre dynastie.* Croyez-en une femme que
« vous avez trop maltraitée, pour qu'elle s'a-
« veugle sur votre sort, ou qu'elle ménage votre
« vanité. Hélas! les Français ne sauront pas
« que je n'ai jamais aimé le rang dont vous me
« faites descendre; que j'ai long-temps refusé
« de me prêter à la cérémonie de mon couron-
« nement; que je n'y aurais jamais consenti,
« sans la promesse , non encore réalisée, de
« donner à mon fils un sort brillant, perspec-

« tive qui me séduisit, m'enivra, et à laquelle
« je sacrifiai les suggestions de mon bon sens,
« de mon instinct et de tous mes pressenti-
« mens. Si vous accomplissez vos sermens
« pour ce qui concerne mon fils, je ne mets
« alors plus d'obstacles à vos projets. »

Napoléon promit tout, il fit proposer au
Prince Primat de la Confédération du Rhin le
titre de grand Duc de Francfort, s'il adoptait
Eugène de Beauharnais. Le Prince Primat ayant
mis pour conditions que son neveu serait fait
duc Dalberg, recevrait une dotation hors de
France, et en outre deux millions de francs sur le
trésor de l'État, tout fut convenu, accordé de
part et d'autre, de sorte que Joséphine déchira le
certificat qui établissait la bénédiction nuptiale
de son mariage avec Napoléon. Fesch fut seul
puni de sa complaisance; car il perdit l'expec-
tative à la succession souveraine du Prince Primat. La paix étant ainsi rétablie entre Joséphine
et Napoléon, ils discutèrent froidement les
moyens à employer pour proclamer ce divorce
arrêté.

On convint que Buonaparte annoncerait sa
détermination dans une assemblée générale de
la maison soi-disant impériale, que Joséphine

y donnerait son adhésion, et l'indécence fut poussée au point qu'Eugène de Beauharnais dut ne paraître au Sénat que pour y applaudir à la répudiation de sa mère.

Le lecteur nous saura gré de lui soumettre le procès-verbal de cette fameuse assemblée de famille, ainsi que celui de la séance du Sénat qui décréta sans désemparer la rupture du mariage de Napoléon Buonaparte avec Joséphine Tascher de la Pagerie.

PROCÈS-VERBAL DE L'ASSEMBLÉE DE FAMILLE.

« L'an 1809, et le 15ᵉ. jour de décembre, à 9 heures du soir, Nous Jean-Jacques-Régis Cambacérès, prince archi-chancelier de l'Empire, duc de Parme, exerçant les fonctions qui nous sont attribuées par le titre II, art. 14 du statut de la famille impériale et en vertu des ordres qui nous ont été adressés par S. M. l'Empereur et Roi, dans sa lettre close, en date de ce jour, dont la teneur suit :

« Mon cousin, notre intention est que vous
« vous rendiez, aujourd'hui 15 décembre, à 9

(21)

« heures du soir, dans notre grand (1) cabinet
« du palais des Tuileries, assisté du secrétaire
« de l'état civil de notre famille impériale, pour
« y recevoir de notre part et de celle de l'Im-
« pératrice, notre chère épouse, une commu-
« nication de grande importance. A cet effet,
« nous avons ordonné que la présente lettre
« close vous soit expédiée. Sur ce, nous prions
« Dieu, qu'il vous ait, mon cousin, en sa
« sainte et digne garde. A Paris, le 15 décem-
« bre 1809. » Et au dos est écrit : A notre cousin
« le prince archi-chancelier, duc de Parme. »

« Nous nous sommes rendus dans la salle du
trône, au palais des Tuileries, assistés de Mi-
chel-Louis-Etienne Regnault de Saint-Jean
d'Angely, comte de l'Empire, ministre d'Etat,
secrétaire de l'état de la famille Impériale.

« Un quart d'heure après nous avons été in-

---

(1) Buonaparte voulait *du grand* partout. Son affectation d'être grand trahissait sa petitesse, comme
son affectation d'être simple trahissait son orgueil. La
satire même n'eût pu mieux inventer que la flatterie,
quand elle créa pour lui ce mot de *grandes pensées*,
car cet homme pensait toujours plus haut que lui.
Toutefois on ne vit rien de grand dans ce personnage,
que la bassesse des autres.

troduits dans le grand cabinet de l'Empereur, où nous avons trouvé S. M. l'Empereur et Roi, avec S. M. l'Impératrice, accompagnés de LL. MM. les Rois de Hollande, de Westphalie et de Naples, de S. A. I. le prince vice-roi, des Reines d'Espagne, de Hollande, de Westphalie et de Naples, de Madame, et de S. A. I. la princesse Pauline.

« S. M. l'Empereur a daigné nous adresser la parole en ces termes :

« Mon cousin le prince archi-chancelier, je
« vous ai expédié une lettre close, en date de
« ce jour, pour vous ordonner de vous rendre
« dans mon cabinet afin de vous faire connaître
« la résolution que Moi et l'Impératrice ma
« très-chère épouse, nous avons prise. J'ai été
« bien-aise que les Rois, Reines et Princesses,
« mes frères et sœurs (1), beaux-frères et belles-
« sœurs, ma belle-fille et mon beau-fils, de-
« venu mon fils d'adoption, ainsi que ma
« mère, fussent présens à ce que j'avais à vous
« faire connaître.
« La politique de ma monarchie, l'intérêt et

____

(1) « Vous souvient-il, mes sœurs, de feu Roi, notre père ? »

« lé besoin de mes peuples, qui ont constam-
« ment guidé toutes mes actions, veulent qu'a-
« près moi je laisse à des enfans, héritiers de
« mon amour pour mes peuples, ce trône où
« la providence m'a placé. Cependant, depuis
« plusieurs années, j'ai perdu l'espérance d'a-
« voir des enfans de mon mariage avec ma
« bien-aimée épouse l'Impératrice Joséphine ;
« c'est ce qui me porte à sacrifier les plus douces
« affections de mon cœur, à n'écouter que le
« bien de l'État et à vouloir la dissolution de
« notre mariage.

« Parvenu à l'âge de quarante ans, je puis con-
« cevoir l'espérance de vivre assez pour élever
« dans mon esprit et dans ma pensée les enfans
« qu'il plaira à la Providence de me donner.
« Dieu sait combien une pareille résolution a
« coûté à mon cœur ; mais il n'est aucun sacri-
« fice qui soit au-dessus de mon courage, lors-
« qu'il m'est démontré qu'il est utile au bien
« de la France.

« J'ai le besoin d'ajouter que, loin d'avoir
« jamais eu à me plaindre, je n'ai au contraire
« qu'à me louer de l'attachement et de la ten-
« dresse de ma bien-aimée épouse : elle a em-
« belli quinze ans de ma vie ; le souvenir en res-

« tera toujours gravé dans mon cœur. Elle a
« été couronnée de ma main, je veux qu'elle
« conserve le rang et le titre d'Impératrice;
« mais surtout qu'elle ne doute jamais de mes
« sentimens et qu'elle me tienne toujours pour
« son meilleur et son plus cher ami. »

« S. M. l'Empereur et Roi ayant cessé de
parler, S. M. l'Impératrice-Reine a pris la parole en ces termes :

« Avec la permission de notre auguste et cher
« époux, je dois déclarer que, ne conservant
« aucun espoir d'avoir des enfans qui puissent
« satisfaire les besoins de sa politique et l'inté-
« rêt de la France, je me plais à lui donner la
« plus grande preuve d'attachement et de dé-
« vouement qui ait été jamais donnée sur la
« terre. Je tiens tout de ses bontés; c'est sa main
« qui m'a couronnée; et, du haut de ce trône,
« je n'ai reçu que des témoignages d'affection et
« d'amour du peuple français.

« Je crois reconnaître tous ces sentimens,
« en consentant à la dissolution d'un mariage
« qui, désormais, est un obstacle au bien de
« la France; qui la prive du bonheur d'être
« un jour gouvernée par les descendants d'un

« grand homme si évidemment suscité par la
« Providence pour effacer les maux d'une ter-
« rible révolution et rétablir l'autel , le trône
« et l'ordre social. Mais la dissolution de mon
« mariage ne changera rien aux sentimens de
« mon cœur : l'Empereur aura toujours en moi
« sa meilleure amie. Je sais combien cet acte ,
« commandé par la politique et par de si
« grands intérêts , a froissé son cœur ; mais
« l'un et l'autre nous sommes glorieux du
« sacrifice que nous faisons au bien de la pa-
« trie. »

« Sur quoi leurs Majestés Impériales et
Royales nous ayant demandé acte de leurs dé-
clarations respectives , ainsi que du consentement mutuel qu'elles contiennent , et que
LL. MM. donnent à la dissolution de leur mariage , comme aussi du pouvoir que LL. MM.
nous confèrent de suivre partout où besoin
serait et près de qui il appartiendrait , l'effet
de leur volonté ; Nous Prince archi-chancelier
de l'Empire , déférant aux ordres et réquisi-
tions de LL. MM., avons donné le susdit acte
et dressé en conséquence le présent procès-
verbal pour servir et valoir ainsi que de droit ;

auquel procès-verbal LL. MM. ont apposé leur signature; et qui, après avoir été signé par les Rois, Reines, Princes et Princesses présens, a été signé par le secrétaire de l'état de la famille impériale, qui l'a écrit de sa main.

« Fait au Palais des Tuileries, les jour, heure et an que dessus.

« *Signé* NAPOLÉON.

JOSÉPHINE.

MADAME.

LOUIS.

JÉRÔME NAPOLÉON.

JOACHIM NAPOLÉON.

EUGÈNE NAPOLÉON.

JULIE.

HORTENSE.

CATHERINE.

PAULINE.

CAROLINE.

CAMBACÉRÈS, *prince archi-chancelier.*

Le comte REGNAULT DE SAINT-JEAN D'ANGELY. »

SÉNAT CONSERVATEUR.

SÉANCE DU SAMEDI 16 DÉCEMBRE 1809.

« A onze heures du matin, les membres du Sénat se réunissent en grand costume dans son palais, en vertu de l'acte de convocation, dont la teneur suit :

Extrait des Registres de la Secrétairerie d'État.

Au palais dés Tuileries, le 15 décembre 1809.

« NAPOLÉON, empereur des Français, roi d'Italie, protecteur de la Confédération du Rhin ;

« Nous avons décrété et décrétons ce qui suit :

« Le Sénat se réunira, le samedi 16 du présent mois, à 11 heures du matin, dans le lieu ordinaire de ses séances.

« *Signé*, NAPOLÉON.

« Par l'Empereur,

« Le Ministre Secrétaire d'Etat,

« *Signé*, H. B. duc DE BASSANO.

« Son Altesse le prince archi-chancelier de

l'Empire, désigné pour présider la séance, est reçu avec les honneurs d'usage.

«S. M. le roi de Westphalie, S. M. le roi de Naples, grand-amiral, S. A. I. le prince vice-roi d'Italie, archi-chancelier d'Etat, et LL. AA. SS. le prince vice-connétable et le prince vice-grand électeur, sont présens.

« La séance est ouverte par la lecture de l'acte de désignation, dont la teneur suit :

Extrait des Registres de la Secrétairerie d'État.

Au palais des Tuileries, le 15 décembre 1809.

« NAPOLÉON, empereur des Français, roi d'Italie, protecteur de la Confédération du Rhin;

« Nous avons décrété et décrétons ce qui suit :

« Notre cousin, le prince archi-chancelier de l'Empire, présidera le Sénat, qui se réunira le 16 du présent mois.

« *Signé*, NAPOLÉON.

« Par l'Empereur,

« Le Ministre Secrétaire d'Etat,

« *Signé*, H. B. duc de BASSANO.

« La parole est au prince archi-chancelier d'Etat, pour la prestation de serment de sénateur.

« S. A. I., avant de prêter serment, s'exprime de la manière suivante :

« PRINCE,

« SÉNATEURS,

« Depuis que les bontés de S. M. l'Empe-
« reur et Roi m'ont appelé à compter parmi
« vous, des témoignages de sa confiance m'ont
« tenu continuellement éloigné de Paris, et
« c'est pour la première fois aujourd'hui que
« j'ai le bonheur de paraître dans votre sein :
« je suis bien heureux de pouvoir vous dire
« qu'au milieu des bienfaits dont S. M. n'a
« cessé de me combler, j'ai été particulière-
« ment sensible à l'honneur qui m'était ac-
« cordé de faire partie du premier corps de
« l'Empire.

« Agréez, Sénateurs, l'expression de mes
« sentimens, et l'assurance du bonheur que
« j'éprouve à prononcer, au milieu de vous, ce
« serment qui est pour moi celui du devoir, de
« l'amour et de la reconnaissance : Je jure

« obéissance aux Constitutions de l'Empire, et
« fidélité à l'Empereur. »

« Le prince archi-chancelier de l'Empire,
président, répond en ces termes au discours
du Prince vice-roi :

« PRINCE,

« Lorsque S. M. l'Empereur et Roi vous
« conféra la haute dignité dont vous venez
« exercer l'une des plus essentielles préroga-
« tives, le Sénat applaudit à cet acte de jus-
« tice. Il se félicita de compter parmi ses mem-
« bres un prince dont les qualités brillantes
« donnaient de si justes espérances. Aujour-
« d'hui que ces espérances sont réalisées par la
« gloire de vos dernières campagnes et par la
« sagesse de votre administration , le Sénat
« éprouve une grande satisfaction de vous voir
« dans son sein concourir à la délibération im-
« portante qu'il va prendre; vous vous mon-
« trez vraiment le fils adoptif du héros qui
« nous gouverne, en faisant, comme lui, taire
« les affections privées devant l'intérêt des
« peuples (1).

(1) *L'archi-chancelier* commet ici une indiscrétion ;

« Vos premiers pas dans cette enceinte ne
« pouvaient être signalés plus dignement que
« par ce grand témoignage de patriotisme, de
« dévouement et de fidélité.

« Je me félicite d'être, auprès de V. A. I.,
« l'interprète des sentimens du Sénat, et de
« vous exprimer les vœux qu'il forme pour
« votre prospérité. »

« Les comtes de La Ville et Pastoret, élus
membres du Sénat dans la dernière séance,
prennent place dans l'assemblée, après avoir
prêté le même serment.

« On annonce les orateurs du Conseil-d'État,
comtes Regnault de Saint-Jean d'Angely et
Defermon, ministres d'État, membres du
Conseil-d'État.

« Eux introduits, le prince archi-chancelier,
président, prend la parole en ces termes :

« Messieurs,

« Le projet qui sera soumis, dans cette
« séance, à la délibération du Sénat, contient

car il annonce qu'Eugène de Beauharnais ne vient que
pour approuver.

« une disposition qui embrasse nos plus chers
« intérêts.

« Elle est dictée par cette voix impérieuse
« qui avertit les souverains et les peuples que,
« pour assurer le salut des États , il faut écou-
« ter les conseils d'une sage prévoyance, rap-
« peler sans cesse le passé , examiner le pré-
« sent, et porter ses regards sur l'avenir.

« C'est devant ces hautes considérations que,
« dans cette circonstance à jamais mémorable,
« S. M. l'Empereur a fait disparaître toutes
« les considérations personnelles, et réduit au
« silence toutes ses affections privées.

« La noble et touchante adhésion de S. M.
« l'Impératrice est un témoignage glorieux de
« son affection désintéressée pour l'Empereur,
« et lui assure des droits éternels à la recon-
« naissance de la nation. »

« Le comte Regnault de Saint-Jean d'Angely
obtient ensuite la parole, et soumet à l'Assemblée un projet de sénatus-consulte, portant
dissolution du mariage contracté entre l'empereur Napoléon et l'impératrice Joséphine.

« L'orateur développe, ainsi qu'il suit, les
motifs de ce projet :

« Monseigneur ,

« Sénateurs ,

« L'acte solennel, rapporté en entier dans le
« Sénatus-Consulte que vous venez d'entendre,
« en contient seul tous les motifs.

« Que pourrions-nous ajouter? quelles pa-
« roles pourrions-nous adresser au Sénat fran-
« çais, qui ne fussent bien au-dessous des pa-
« roles touchantes recueillies de la bouche des
« deux augustes époux dont votre délibération
« va consacrer les généreuses résolutions ?

« Leurs cœurs se sont entendus pour faire
« au plus grand des intérêts, le plus noble
« sacrifice ; ils se sont entendus pour faire par-
« ler à la politique et au sentiment le langage
« le plus vrai, le plus persuasif, le plus fait
« pour convaincre et pour émouvoir.

« Comme souverains et comme époux, l'Em-
« pereur et l'Impératrice ont tout fait ; ils ont
« tout dit.

« Il ne nous reste qu'à les aimer, les bénir
« et les admirer.

« C'est désormais au Peuple français à se
« faire entendre. Sa mémoire est fidèle comme

« son cœur. Il unira dans sa pensée reconnais-
« sante, les espérances de l'avenir et les sou-
« venirs du passé, et jamais monarques n'au-
« ront recueilli plus de marques de respect,
« d'admiration, de gratitude et d'amour, que
« NAPOLÉON, immolant *la plus sainte* (1) de ses
« affections au besoin de ses sujets, que José-
« phine immolant sa tendresse pour le meilleur
« des époux, par dévouement pour le meilleur
« des Rois, par attachement pour le meilleur
« des peuples.

« Acceptez, Messieurs, au nom de la France
« attendrie, aux yeux de l'Europe étonnée, ce
« sacrifice, *le plus grand qui ait été fait sur la*
« *terre*, et pleins de la profonde émotion que
« vous éprouvez, hâtez-vous de porter aux
« pieds du trône, dans les tributs de vos senti-
« mens, des sentimens de tous les Français, le
« seul prix qui soit digne du courage de nos
« souverains, la seule consolation qui soit digne
« de leurs cœurs. »

« Le Prince Vice-Roi ayant ensuite obtenu la
parole, s'exprime de la manière suivante :

____

(1) *Habemus confitentem reum.*

« Prince,

« Sénateurs,

« Vous venez d'entendre la lecture du pro-
« jet de Sénatus-Consulte soumis à votre déli-
« bération. Je crois devoir, dans cette circons-
« tance, manifester les sentimens dont ma
« famille est animée.

« Ma mère, ma sœur et moi nous devons
« tout à l'Empereur ; il a été pour nous un
« véritable père ; il trouvera en nous, dans tous
« les temps, des enfans dévoués et des sujets
« soumis.

« Il importe au bonheur de la France, que
« le fondateur de cette 4me. Dynastie vieillisse
« environné d'une descendance directe qui
« soit notre garantie à tous, comme le gage de
« la gloire de la patrie.

« Lorsque ma mère fut couronnée devant
« toute la nation, par les mains de son auguste
« époux, elle contracta l'obligation de sacrifier
« toutes ses affections aux intérêts de la France.
« Elle a rempli avec courage, noblesse et di-
« gnité, ce premier des devoirs. Son âme a été
« souvent attendrie, en voyant en butte à de pé-
« nibles combats, le cœur d'un homme accou-

« tumé à maîtriser la fortune, et à marcher
« toujours d'un pas ferme à l'accomplissement
« de ses grands desseins. Les larmes qu'a coû-
« tées cette résolution à l'Empereur, suffisent
« à la gloire de ma mère. Dans la situation où
« elle va se trouver, elle ne sera pas étrangère
« par ses vœux et ses sentimens, aux nouvelles
« prospérités qui nous attendent, et ce sera
« avec une satisfaction mêlée d'orgueil, qu'elle
« verra tout ce que ses sacrifices ont produit
« d'heureux, pour sa patrie et pour son Em-
« pereur. »

« Ce discours terminé, le comte Garnier, président annuel, propose de renvoyer le projet
de Sénatus-Consulte à l'examen d'une commission spéciale de neuf membres, qui sera
nommée et fera son rapport séance tenante.

« Le renvoi est ordonné.
« Avant d'ouvrir le scrutin pour la nomination des commissaires, le prince archi-chancelier, président, désigne, par la voie du sort,
deux scrutateurs pour assister au dépouillement des votes.
« Les Sénateurs désignés sont MM Barthé-
lemy et Lemercier.

« On procède au scrutin dans la forme accoutumée. Le résultat du dépouillement donne la majorité absolue des suffrages, pour la nomination dont il s'agit, aux sénateurs Garnier, Lacépède, Semonville, Beurnonville, Chaptal, Laplace, Maréchal duc de Dantzick, Maréchal Sérurrier et Monge.

« Ils sont proclamés par le prince archi-chancelier président, membres de la commission spéciale, chargée de l'examen du projet de Sénatus-Consulte.

« Les membres de la commission se retirent pour délibérer.

« La séance est suspendue jusqu'à leur retour.

« A quatre heures et demie, la séance est reprise, et le comte Lacépède, l'un des membres de la commission spéciale, ayant obtenu la parole, fait à l'assemblée le rapport suivant :

« Monseigneur,

« Sénateurs,

« Vous avez renvoyé à votre commission « spéciale le projet de Sénatus-Consulte qui

« vous a été présenté par les Orateurs du Con-
« seil d'État.

« Vous avez entendu , Sénateurs, la lecture
« de cet acte mémorable, annexé au projet du
« Sénatus-Consulte , et que l'histoire trans-
« mettra à la postérité comme un monument
« des affections les plus touchantes, des senti-
« mens les plus généreux et du dévouement le
« plus absolu au premier intérêt d'une monar-
« chie héréditaire.

« Ces paroles mémorables , prononcées par
« le plus grand des Souverains, et par son au-
« guste et bien-aimée épouse, retentiront
« long-temps dans tous les cœurs français.

« C'est aujourd'hui plus que jamais que l'Em-
« pereur a prouvé qu'il ne veut régner que
« pour *servir ses sujets* , et que l'Impératrice a
« mérité que la postérité associât son nom à
« celui de l'immortel Napoléon.

« Et telle est la condition de ceux que le
« trône n'élève au-dessus des autres hommes ,
« que pour leur imposer des obligations plus
« rigoureuses.

« Combien de princes qui, ne consultant que
« le bonheur de leurs peuples, ont dû renon-
« cer aux liens qui leur étaient les plus chers !

« En ne portant même nos regards que sur
« les prédécesseurs de NAPOLÉON, nous voyons
« treize rois que leur devoir de souverain a
« contraints à dissoudre les nœuds qui les
« unissaient à leurs épouses, et ce qui est bien
« digne de remarque, parmi ces treize princes,
« nous devons compter quatre des Monarques
« français les plus admirés et les plus chéris,
« Charlemagne, Philippe-Auguste, Louis XII
« et Henri IV.

« Ah! que celui dont la gloire et le dévoue-
« ment surpassent leur dévouement et leur
« gloire, règne long-temps pour la prospérité
« la France et de l'Europe !

« Que sa vie s'étende bien au-delà des trente
« ans qu'il a désirés pour la stabilité de son
« Empire; qu'il puisse voir autour de son
« trône, des princes issus de son sang, élevés
« *dans son esprit, ainsi que dans sa pensée,* et
« dignes de leur auguste origine, garantir pour
« nos arrière-petits-neveux la durée de tous
« les biens que lui devra notre patrie; et que
« l'image du bonheur des Français, que lui of-
« friront le présent et l'avenir, soit la récom-
« pense de ses travaux et le prix de ses sacri-
« fices !

« Votre commission, Sénateurs, vous pro-
« pose à l'unanimité :

« 1°. d'adopter le projet de Sénatus-Con-
« sulte qui vous a été présenté ;

« 2°. D'adopter aussi deux adresses que je
« vais avoir l'honneur de vous soumettre ; et
« dont votre bureau présenterait l'une à sa
« majesté l'EMPEREUR et Roi, et l'autre à
« S. M. l'Impératrice Reine. »

« On demande qu'il soit de suite voté au
scrutin sur l'adoption proposée.

« Le scrutin est ouvert : son résultat donne
en faveur du projet le nombre de voix exigé,
par l'art. LVI de l'acte des Constitutions du
4 août 1802. Son adoption est, en conséquence, prononcée par le prince archi-chancelier, président, qui le déclare converti en Sénatus-Consulte, de la teneur suivante :

« Le Sénat Conservateur, réuni au nombre
de membres prescrits par l'article 90 de l'acte
des Constitutions, en date du 13 décembre
1799 ;

« Vu l'acte dressé le 15 du présent mois,
par le prince archi-chancelier de l'Empire, dont
la teneur suit, (Voy. le procès-verbal d'assem-

˶blée de famille que nous venons de rapporter.)

« Vu le projet de Sénatus-Consulte rédigé en la forme prescrite par l'article 57 de l'acte des Constitutions, du 4 août 1802;

« Après avoir entendu, sur les motifs dudit projet, les Orateurs du Conseil-d'État et le rapport de sa commission spéciale, nommée dans la séance de ce jour;

« L'adoption ayant été délibérée au nombre de voix prescrit par l'article 47 de l'acte des Constitutions, du 4 août 1802, décrète :

« ART. Iᵉʳ. Le mariage contracté entre l'EM-PEREUR NAPOLÉON et l'Impératrice Joséphine, est dissous.

« ART. II. L'impératrice Joséphine conservera les titre et rang d'impératrice-reine couronnée.

« ART. III. Son douaire est fixé à une rente annuelle de deux millions de francs sur le trésor de l'État.

« ART. IV. Toutes les dispositions qui pourront être faites par l'EMPEREUR, en faveur de l'impératrice Joséphine, sur les fonds de la liste civile, seront obligatoires pour ses successeurs.

« ART. V. Le présent Sénatus-Consulte sera transmis par un message à S. M. I. et R. »

Les président et secrétaires,

Signé, CAMBACÉRÈS, *prince archi-chancelier de l'Empire, président ;*

Signé, SEMONVILLE, BEURNONVILLE, *secrétaires.*

Vu et scellé, le chancelier du Sénat,

Signé, comte LAPLACE.

« Les deux adresses portées par la commission sont de suite mises aux voix, et adoptées dans les termes suivans :

Adresse du Sénat à S. M. l'Empereur et Roi.

« Le Sénat Conservateur, réuni au nombre de membres prescrit par l'article 90 de l'acte des Constitutions, du 25 décembre 1799 ;

« Délibérant sur le rapport de sa commission spéciale nommée dans la séance de ce jour ;

« Arrête qu'il sera fait à S. M. L'EMPEREUR ET ROI l'adresse dont la teneur suit :

« Sire,

« Le Sénat vient d'adopter le projet de Sé-
« natus-Consulte qui lui a été présenté au nom
« de S. M. I. et R.

« V. M., Sire, ne pouvait pas donner à la
« France un plus grand témoignage de son
« dévouement absolu aux devoirs qu'impose
« un trône héréditaire.

« Le Sénat ressent vivement le besoin de
« vous exprimer combien il est pénétré de tout
« ce qu'éprouve la grande âme de V. M.

« La puissance la plus étendue, la gloire la
« plus éclatante, l'admiration de la postérité la
« plus reculée, ne pourront pas payer, SIRE,
« le sacrifice de vos affections les plus chères ;
« l'éternel amour du peuple français, et le sen-
« timent profond de tout ce que vous faites
« pour lui, pourront seuls consoler le cœur de
« V. M. »

« Le Sénat arrête que l'adresse ci - dessus
sera présentée à Sa Majesté L'EMPEREUR ET

Roi, par les président et secrétaires du Sénat.

Signé, CAMBACÉRÈS, *prince archi-chancelier
de l'Empire*,

Signé, SÉMONVILLE et BEURNONVILLE,
secrétaires.

Adresse du Sénat à S. M. l'Impératrice Reine.

« Le Sénat Conservateur, réuni au nombre
des membres prescrit par l'article 90 de l'acte
des Constitutions du 13 décembre 1799;

« Délibérant sur le rapport de sa commission
spéciale nommée dans la séance de ce jour.

« Arrête qu'il sera fait à S. M. l'Impératrice
Reine l'adresse dont la teneur suit :

« Madame,

« V. M. I. et R. vient de faire à la France le
« plus grand des sacrifices ; l'histoire en con-
« servera un éternel souvenir.

« L'auguste épouse du plus grand des mo-
« narques ne pouvait s'associer à sa gloire im-
« mortelle, par un dévouement plus héroïque.

« Depuis long-temps, Madame, le peuple
« français révère vos vertus ; il chérit cette

« bonté touchante qu'inspirent toutes vos pa-
« roles, comme elle dirige toutes vos actions;
« il admirera votre dévouement sublime; il dé-
« cernera à V. M. I. et R. un hommage de
« reconnaissance, de respect et d'amour. »

« Le Sénat arrête que l'adresse ci-dessus
sera présentée à S. M. l'Impératrice Reine,
par les président et secrétaires du Sénat.

Signé, CAMBACÉRÈS, *prince archi-chancelier
de l'Empire;*

Signé, SÉMONVILLE et BEURNONVILLE,
secrétaires.

« Les Orateurs du Conseil-d'État se retirent.

« S. A. S. est reconduite, à sa sortie, avec
les mêmes honneurs qui lui ont été rendus à
son arrivée. »

Ce Sénatus-Consulte fut rendu, comme on
le voit, sans aucune discussion, et sans qu'on fît
la moindre mention de l'article 277 du Code
civil, ni du décret du 30 mars 1806, dont
nous avons parlé.

Le divorce était prononcé ; l'affaire devait
être tenue pour consommée, l'esprit et le

texte même des lois existantes à cette époque,
n'accordant qu'aux seuls tribunaux civils la faculté de juger des matières relatives au mariage, dont la connaissance était interdite aux
Cours ecclésiastiques nommées officialités, que
la nouvelle législation ne reconnaissait plus
comme existantes. Cependant la Cour de Vienne
ayant exigé l'intervention d'une autorité ecclésiastique quelconque qui annulerait le premier mariage, Napoléon se vit obligé d'accéder
à cette formalité. D'ailleurs, sans la croire nécessaire, ni même praticable dans le système
législatif de la France révolutionnée, il fut
bien-aise de donner à son divorce, aux yeux
des peuples, des formes qui leur parussent
régulières, sacrées, et qui missent le mariage
subséquent à l'abri de toute contradiction, de
tout scrupule. Pour cela, un ordre arbitraire
évoqua de l'oubli, ressuscita l'officialité qui,
d'après les lois, ne subsistait plus sous ces rap-
ports, tribunal qu'avaient anéanti de tout leur
pouvoir le Code, les Décrets, l'opinion ; et
l'on recourut à ce juge méconnu, que Buonaparte au reste ne rétablissait, que pour imiter
ce tyran de Bysance qui ne rappelait à la vie
son ennemi blessé, que pour goûter ensuite

le plaisir barbare de le faire souffrir, languir et mourir d'inanition.

Rendue à des fonctions qui lui étaient interdites par la puissance même qui se démentait en l'invoquant, l'officialité mit moins de précipitation, mais tout autant de complaisance dans ses procédés, que le Sénat. Elle rendit, le 9 janvier 1810, une sentence conforme en tout au Sénatus-Consulte. Nous disons que la puissance se démentit en recourant à l'officialité, parce que Napoléon prétendait établir son droit de régner sur les Constitutions de l'Empire, et parce que les Constitutions Françaises d'alors ôtaient aux tribunaux ecclésiastiques la connaissance des affaires contentieuses et conséquemment rendaient les officialités inutiles. Mais il n'y avait point de loi qui ne dépendît des caprices du despote. Il lui était aussi facile de refaire l'officialité qu'il le lui avait été de supprimer le Tribunat. Elle avait déjà repris naissance pour casser le mariage de Jérôme Buonaparte avec Mlle Péterson, Américaine, devenue mère.

Des formalistes firent d'abord quelques objections relatives à l'incompétence de ce tribunal, attendu que ces sortes de cas étaient, par

l'usage, soumis à la décision de Rome. L'in-
cident fut préalablement jugé par une Commission ecclésiastique résidante à Paris, Commission, qui, tout aussi bien, aurait pu suppléer
le tribunal qu'elle déclara compétent, puisqu'il
ne s'agissait que d'obéir aux volontés du maître.

C'est ici qu'il faut admirer la sagesse de la dis-
cipline de l'Eglise Catholique, Apostolique et
Romaine qui a réservé au Saint-Siége de connaître de tous les cas de dissolution quelconque
de mariage. Les anciens Evêques français ne
regrettaient pas cette juridiction, ils sentaient
qu'il pouvait naître telle occurrence où toute
l'autorité des clefs serait nécessaire pour
s'opposer aux passions d'un despote, et ils
abandonnaient sans peine au Père commun des
fidèles le jugement des causes que lui seul pouvait dignement terminer. Buonaparte connais-
sait bien les principes immuables de nos anciens prélats; mais, Souverain intrus, il sentit
qu'il ne pouvait se reposer, s'appuyer, se sou-
tenir qu'avec des Evêques intrus, et il rejeta
constamment de légitimes Prélats qui, fidèle-
ment attachés à la légitimité Royale, n'auraient
voulu prêter qu'à elle seule la puissante co-
opération de leur saint ministère et la force mo-

rale de leur doctrine et de leurs vertus (1).

Le machiavélisme qui avait induit Buona-

(1) « Pourquoi Louis XVIII, légitime héritier du
« trône, lorsqu'il y remonte par ses vertus et ses
« droits, serait-il moins prudent et moins sage qu'un
« usurpateur ? Pourquoi ne rétablirait-il pas l'Eglise
« de France de manière à la faire concourir, comme
« autrefois, au maintien de la gloire et de la puissance
« du trône ? Voudrait-il laisser à l'intrusion ecclésias-
« tique le soin de prêcher en faveur de la légitimité
« politique ? Pourrait-il compter sur le zèle et la fidé-
« lité de tels apôtres ? Oserait-il s'entourer de faux
« pasteurs, et leur confier la garde, la conduite et
« l'instruction morale de son peuple ? Pourrait-il
« enfin préférer à son clergé fidèle, des pontifes qui,
« dans la chaire de la vérité, ont osé appeler Buona-
« parte l'*Envoyé de Dieu*, et dont le sacerdoce par-
« jure et mercenaire a brûlé tour-à-tour son encens
« sur l'autel de Baal et du Dieu d'Israël ?

« Non ! on ne peut plus s'abuser ; le moment est
« venu où toutes les fausses considérations et les prin-
« cipes dangereux de prudence, de modération, d'é-
« preuves et de tempéramens, doivent céder et se taire
« devant l'expérience qui parle, et qui nous avertit du
« péril où nous sommes ; elle vient de nous démon-
« trer que l'organisation, l'esprit et les sentimens de
« l'armée de Buonaparte étaient incompatibles avec
« l'existence de la monarchie française, et que sa
« milice, glorieuse autrefois, aujourd'hui parjure,

parte à professer l'Alcoran sur les bords du Nil, le porta à feindre de professer l'Evangile sur les bords de la Seine ; mais, en habile usurpateur, il eut soin d'établir et d'organiser sa nouvelle église de manière à la faire concourir au maintien de son autorité et de son intrusion politique ; car c'était moins la religion catholique, que sa puissance qu'il voulait établir.

Il se réserva, pour cet effet, le droit de diriger la vocation des jeunes ecclésiastiques, de hâter ou de retarder, de permettre ou d'interdire

« n'avait environné le trône des Bourbons, que pour
« en saper les fondemens, et parvenir plus sûrement
« à sa ruine. Louis XVIII, pour sa conservation et
« celle de son peuple, a été obligé d'en ordonner le licen-
« ciement général et la prompte réorganisation. Peut-
« il penser que l'église napoléone soit plus favorable
« au maintien de notre antique monarchie, et que la
« milice religieuse du tyran soit plus fidèle et plus
« sincèrement dévouée aux Bourbons que sa milice
« guerrière ? C'est une erreur de le croire ; ce serait
« une faute grave, et peut-être un crime de s'y
« confier. » *Adresse aux deux Chambres*, par M. l'abbé
Vinson.

Sans adopter ici ni discuter toutes les opinions de M. l'abbé Vinson, dans ce qui précède et suit cette note, nous nous empressons cependant de lui faire hommage de celles dont nous lui sommes redevables.

leur ordination, afin de n'accorder sans doute au culte que la réforme de ses armées, ou le rebut de ses camps.

Il fit de ses prêtres, comme de ses soldats, une milice mercenaire et stipendiée, afin que leur solde fût le garant de leur fidélité, et le témoignage annuel de leur honteuse et servile dépendance; car il les voulait plus sincèrement attachés au culte de sa tyrannie, qu'au culte du Très-Haut.

Il ordonna que la jeunesse fût formée à la Religion; mais à celle de l'esclavage et de l'obéissance aveugle; et pour atteindre ce but, il fit composer un catéchisme dans lequel sa doctrine fut confondue avec celle de Dieu; et où l'on plaça le symbole Napoléon avant le symbole de Nicée, où enfin le Code impérial fut constamment en opposition au Code Évangélique, et où la parole de Dieu fut continuellement combattue par la sienne.

« Agissant dans les arts comme dans les con-
« quêtes, il prit le volume pour la beauté, et les
« eût tous rendus gigantesques et barbares. Il ac-
« capara leurs produits, comme ceux du com-
« merce, réduisit les tableaux à des batailles,
« l'architecture à des trophées, et la littérature

« à des panégyriques. Non content d'empêcher
« des chefs-d'œuvre de naître , il dégrada ceux
« qui étaient nés, ôtant à chacun sa patrie, ses
« pénates, son propre terroir, tout ce qui leur
« donne leur vraie valeur, pour les entasser,
« comme une vaste conscription , dans une
« même salle , au même jour, sous un même
« coup d'œil, où toutes ces merveilles vues de
« près, vues en foule, sans peine et sans illusion,
« perdaient leur dignité , les spectateurs leur
« enthousiasme, et les arts leur mobile (1). »

Il organisa ses colléges de manière à offrir
une masse informe d'érudition philosophique
et une grande disette d'instruction chrétienne.
Il y substitua l'éducation de l'esprit à celle de
l'âme. Aussi en vit-on sortir une jeunesse gé-
néralement riche en savoir superficiel, indi-
gente en morale; instruite de toutes les vérités,
hors celles de la religion, et conservant soigneu-
sement dans le cœur et dans la mémoire le
souvenir de tout, hors celui de Dieu. Les cam-

(1) Nous ne connaissons que les lettres initiales du
nom de l'auteur qui vient de nous fournir cet aperçu
de la tyrannie de Buonaparte. M. de F. a cru qu'en
lisant ses *Considérations sur une année de l'Histoire
de France*, chacun le reconnaîtrait.

pagnes, qui jusqu'alors semblaient l'asile de l'innocence, offrirent souvent le spectacle d'un chrétien qui, sur son lit de mort, implorait pour la première fois de sa vie les secours de l'Église, et demandait, d'une voix presque éteinte, le mariage pour sa concubine, l'absolution pour lui-même, et le baptême pour dix à douze enfans qui environnaient son lit de douleur.

On vit en France un ministère *des cultes*, et non *du culte*, comme on y vit aussi celui *du commerce*, pour annoncer, par une enseigne mensongère, qu'il existait du commerce et de la religion en France. Le clergé ne fut rappelé de l'exil que pour être avili; les temples ne furent rouverts que pour qu'on y proclamât la gloire de Buonaparte et non celle de Dieu ; les décades ne furent abolies que pour encourager le peuple à violer avec plus d'audace le jour du Seigneur et le premier commandement de l'Église, devenu, si l'on peut s'exprimer ainsi, *ridicule* dans la capitale de la France où des sophistes éhontés ont crié naguère au fanatisme, au despotisme, à propos de réglemens qu'on observe partout ; tourbe lettrée, fanfarons d'impiété brutale, qui raméneraient la barbarie sous le nom de lumières, et qui s'obstinent à proférer les vieux mots *saint* et *sacré*, sans y joindre aucune idée, ni de devoir, ni de respect, ni de décence.

Dans un tel degré de corruption abjecte, la sentence de l'Officialité ne pouvait, sans un miracle, différer du Sénatus-Consulte. Au surplus ses motifs et ceux du jugement de la commission extrajudiciaire, n'ayant pas été rendus publics, nous ne pourrions qu'en présumer la légitimité dans l'hypothèse qu'elle serait possible, et nos présomptions ne fonderaient aucun droit. Il est évident que tout porta sur les motifs connus du Sénatus-Consulte, sur de pures convenances, sur le mépris des mœurs et de toute religion et sur la nécessité d'obéir; ce qui n'établit nullement, ni la validité du divorce, ni la légitimité du second mariage, ni celle de l'enfant qu'on suppose né de cette seconde union.

Ajoutons une particularité qui mérite de n'être pas omise. Quand on renouvela, au pied de l'autel, la célébration de ce second mariage, à Paris, plusieurs membres du sacré collége qui n'avaient pas refusé d'assister à l'acte civil, ne voulurent point se présenter à la cérémonie religieuse qui, selon eux, constitue

essentiellement, exclusivement l'acte matrimonial, qui d'ailleurs, exigeait pour devenir valide,
que le Pape eût été consulté lors de la rupture
illégale des premiers nœuds et que sa Sainteté
eût donné des dispenses pour les seconds. Les
mauvais traitemens qu'on fit éprouver à ces
cardinaux prouveraient assez que leur absence
affectée excita de justes craintes de nullité.

Vainement s'est-on flatté de motiver le prétendu divorce, sur ce que la mère de Buonaparte n'avait pas consenti au mariage de son
fils avec Joséphine Tascher de la Pagerie.
Napoléon était certainement majeur lorsque le
cardinal Fesch, sur un ordre exprès de Sa Sainteté, réhabilita l'union des deux conjoints, et
la mère prouva par sa manière de vivre avec
sa bru, que l'approbation maternelle non seulement ne fut jamais refusée, mais au contraire
fut toujours, avant et depuis cet acte, un fait
de notoriété publique, même jusque dans le
tableau du sacre par le peintre David.

Si l'Officialité déclara nul le mariage de Jérôme Buonaparte et de mademoiselle Péterson,
la sentence porta sur ce que tout mariage de
neurs, contracté sans l'autorisation paternelle,
est réputé nul par la jurisprudence française

quoique le concile de Trente ait fulminé l'ana-
thème contre ce moyen de nullité. Lorsqu'il
s'agit de rompre les nœuds de Napoléon et de
Joséphine, cette même Officialité ou son fan-
tôme, évoqué pour cela par le despotisme, et
replongé dans le néant dès qu'on eut obtenu
ce que l'on voulait, eut recours au concile de
Trente qui casse tout mariage fait hors de la
présence du propre curé. Ils se jouaient ainsi
de la religion, ceux qui se vantaient de n'y pas
croire, sachant bien que les lois sous lesquelles
ce mariage avait été contracté statuaient la
non-nécessité de la présence du propre pasteur ; que le souverain Pontife y avait sup-
pléé, et que le cardinal Fesch, en sa qualité de
grand-aumônier, se considérait comme curé
des parties.

Tous ces moyens de nullité sont d'autant
plus dérisoires que, selon la doctrine des conjoints et les lois nouvelles, la cérémonie de
l'Eglise était étrangère au contrat qui fait l'essence du mariage réduit au pacte civil ; que la
majorité des théologiens le fait résider uniquement dans les paroles par lesquelles les con-
tractans se prennent pour mari et pour femme,
et qu'enfin aucun de ces prétextes ne fut mis

en avant, aucun de ces principes ne fut combattu pour obtenir du Sénat-Conservateur et de l'Officialité, le divorce, la violation des lois françaises et des lois ecclésiastiques. On ne voulut que satisfaire aux scrupules de la cour de Vienne et abuser le peuple imbu d'anciennes idées sur la nature du lien matrimonial.

La sentence de l'Officialité de Paris n'a pu délier les deux conjoints de leur serment, moins encore autoriser chacun d'eux à former d'autres liens ; et le Sénatus-Consulte le pouvait tout aussi peu, parce qu'un article du Code civil interdit le divorce à toute femme âgée de quarante-cinq ans, et que Joséphine Tascher de la Pagerie, femme Buonaparte, avait plus que cet âge, étant née en 1761, mariée en premières noces en 1779; parce qu'ensuite un décret constitutionnel défendait le divorce dans la famille soi-disant impériale, et que cet article et ce décret auraient dû être abrogés constitutionnellement avant l'émission du Sénatus-Consulte. Nous n'avons que faire d'opposer à Buonaparte, à ses fauteurs, l'autorité de l'Evangile qui condamne expressément le divorce. Les chrétiens Grecs y mettent la seule excep-

tion du cas d'adultère ; mais ce cas fut soigneu-
sement écarté dans toutes les procédures illé-
gales dont l'examen nous occupe.

Rien n'est plus étrange que la conduite de
tous les personnages qui figurèrent dans cet im-
broglio, burlesque à ne voir que son origine, et
sacrilège au-delà du scandale quant aux résul-
tats ; un oncle cardinal, grand - aumônier,
et qui se suppose pasteur de droit des conjoints, leur donne la bénédiction nuptiale con-
ditionnelle, comme si ces deux époux avaient
vécu jusque - là dans l'état de concubinage public ; un vénérable Pontife, sans aucun acte
formel de la célébration et sur le témoignage
des parties intéressées, cesse de révoquer en
doute la validité de leur union antérieure et
les croit légitimement unis ; l'Officialité d'une
métropole frappe de nullité un mariage, sans
alléguer aucune raison, en vertu d'une com-
pétence contestée, illégalement reconnue par
des commissaires qui n'avaient pas le droit
d'en juger ; le cardinal Fesch (1), le même
prélat qui, de l'ordre du Pape, avait validé le
premier mariage de Buonaparte, n'hésite pas,

(1) Moniteur du 10 avril 1810.

sur la foi d'une pareille sentence, de bénir le second mariage ; enfin des cardinaux assistent à l'union civile de l'époux non-délié et refusent d'assister à la bénédiction de ce second lien parce qu'il n'y a point de dispenses de Rome.

En pensant à ce tissu de scélératesses si mal ourdies par les plus habiles imposteurs du monde et du plus éclairé des siècles, on trouve quelque soulagement dans la réflexion qu'une sage Providence fit de leur perversité même, l'obstacle à d'affreux succès plus généralisés. Comme Henri VIII, ils auraient pu vouloir briser le joug de la religion au lieu de feindre de le porter sans y croire. Mais il eût fallu remplacer celle qu'ils brûlaient de détruire en n'osant que la profaner, et à cet égard un homme d'état qui les étudia tous de près, nous révèle d'étranges mystères : « Si la philosophie « du dix-huitième siècle n'avait tourné à la fois « en ridicule toutes les religions possibles, il « est incontestable que pendant la révolution « la France eût changé de religion ; on l'a es- « sayé deux fois ; mais la crainte du ridicule « a fait reculer ceux qui étaient puissans alors, « parce que, dans les idées du parti dominant, « *c'était un ridicule d'avoir des opinions reli-*

« *gieuses quelconques.* Il n'en sera pas de même
« de nos jours, les partisans des principes ré-
« volutionnaires...., savent fort bien que tout
« changement de religion amènerait un chan-
« gement dans le gouvernement, et ils mar-
« cheront droit à ce but, entraînant à leur
« suite une nation sottement philosophe qui
« sera encore une fois étonnée....(1)» M. Fiévée trouvera bon que, le croyant quant au
passé, nous repoussions sa prophétie.

Au nombre des rôles hétéroclites qui for-
mèrent ce *Dolus malus solemnis*, dont les an-
nales d'aucun peuple n'offrent le modèle et qui
fait le sujet de cette dissertation, nous nous
garderons bien d'oublier le rapport que nous
avons publié (voyez page 39) et qu'entreprit
de faire M. de Lacépède au Sénat pour y
justifier le divorce de Buonaparte par ceux
de Charlemagne, de Philippe-Auguste, de
Louis XII et de Henri IV.

L'âge où nous avons le malheur de vivre,
pouvait seul produire de pareils sophismes,

(1) *Correspondance politique et administrative*,
commencée au mois de mai 1814, dédiée à M. le
comte de Blacas d'Aulps; par M. Fiévée, partie II,
page 31.

d'aussi absurdes rapprochemens, des assertions, des conclusions si dépourvues de toute
pudeur historique, logique, française, législa-
tive, morale et religieuse. Mettons en défaut
l'érudition du naturaliste déplaçé, fourvoyé,
qui ne s'étant occupé, toute sa vie, que de
poissons et de reptiles, métamorphosé subi-
tement en homme d'état, déraisonna sur les
actions des monarques à l'égard desquels sa politique devait se borner à la défense de leur
successeur légitime; et prouvons que les quatre
exemples n'autorisaient en rien la dissolution
du mariage de Buonaparte avec Joséphine
Tascher de la Pagerie.

L'indécence des rapprochemens annonce
d'abord que les conclusions seront absurdes.
Peut-on avoir lu, médité le chapitre du livre
de l'*Esprit des Lois*, intitulé: *Charlemagne*, et
comparer cet Empereur à Napoléon? Tout
« fut uni par la force de son génie, dit Mon-
« tesquieu;..... l'Empire se maintint par la
« grandeur du chef; le prince était grand,
« l'homme l'était davantage..... On voit dans
« les lois de ce prince un esprit de prévoyance
« qui comprend tout;..... Ce prince prodi-
« gieux était extrêmement modéré. Son carac-

« tère était doux (1). » Mais le président de Montesquieu possédait sa matière, avait étudié l'histoire de sa patrie, en chérissait l'honneur et n'était pas un bel-esprit naturaliste, chimiste ou géomètre travesti, à la hâte, en sénateur par la toute-puissance éphémère d'un aventurier jouant l'Empereur-Roi.

Philippe II surnommé Auguste, qu'immortaliseraient seuls ses *établissemens*, charte inappréciable pour son temps, monument de génie et de vertu qui subsista sous tant de générations dans nos coutumes locales ; *Louis XII* dont l'excellent cœur lui mérita le beau titre de père du peuple; et le bon *Henri*, que Napoléon loua tant, à sa manière, en témoignant une franche aversion pour un nom béni de tous les vrais Français; ces quatre monarques ne pouvaient se présenter comme objets de comparaison pour étayer l'acte de Buonaparte qu'aux sophistes vieillis dans les paradoxes de l'éloquence révolutionnaire qui se borne à l'artifice usé de ne produire que les faits ou les argumens favorables à l'imposture, de *consacrer* tout en ne *respectant* rien. Or le fond du raisonnement

(1) *Esprit des Lois*, livre **XXXI**, chap. **XVIII**.

est aussi faux que ces premiers aperçus ora-
toires sont ridicules par excès d'inconvenance.

Le Roi des Lombards, Didier, ayant en-
vahi les terres du Saint-Siége, tâche de détour-
ner Charlemagne et Carloman de l'alliance
d'Etienne III, en proposant, suivant l'usage de
ce temps-là, un mariage aux deux Princes déjà
mariés. Etienne représente à ceux-ci qu'ils se
rendraient criminels s'ils épousaient d'autres
femmes du vivant des leurs : *impium est.........*
alias accipere uxores super eas quas primitius
vos certum est accepisse. » Souvenez-vous, dit-
« il, que notre prédécesseur conjura votre
« père de ne pas répudier votre mère, et que,
« Roi très-chrétien, il déféra, il obéit à de si
« salutaires avis. Ce n'est point à vous à donner
« ce scandale, *non vobis convenit talem peragere*
« *nefas*, à vous qui suivez la loi de Dieu, qui
« devez vous opposer à ce que d'autres le com-
« mettent; il n'y a que les payens qui se con-
« duisent ainsi; *hæc quippe paganæ gentes fa-*
« *ciunt* (1)...... » Serait-ce dans ces exhor-
tations véhémentes que M. Lacépède et ses
collègues auraient trouvé la justification du

(1) Tom. VI, col. 1718, 1650, — 1659, 1697.

divorce de leur maître et de la femme *quam primitius eum certum est accepisse?* n'est-il point prouvé par là qu'à la fin du VIIIme. siècle, l'indissolubilité du mariage était un principe, un dogme qu'on n'avait pas encore supposé qu'il fût possible de violer en cédant aux raisons politiques, même les plus fortes?

De ce que celles-ci l'emportèrent, de ce que Charlemagne épousa la fille du Roi des Lombards, de ce que les grands jurèrent que Charlemagne n'aurait pas d'autre femme tant que cette Hermengarde vivrait, de ce que Hermengarde occupa le lit où devait rester Himiltrade, de ce qu'un troisième mariage unit Charles à la princesse Hildegarde, il n'en résulte point que le mariage catholique ne soit pas indissoluble dans l'hypothèse où se trouvaient Napoléon et Joséphine, si les moyens de divorce furent tels que l'union de ceux-ci n'en offrait aucun de semblable. L'Evangile, les Canons, la Doctrine apostolique, St.-Augustin, tous les pères de l'Eglise, tous les Papes avant et depuis Grégoire II que Fleury, Baillet et Gratien reconnaissent avoir seul affaibli la persévérante rigueur des canonistes (1), toutes

(1). Fleury, 3e discours, n° 12. — Baillet, *Vie de*

ces autorités n'étaient nullement infirmées par l'exemple de Charlemagne; cet exemple ne prouve rien en faveur du divorce de Buonaparte.

Nous ne nous prévaudrons pas ici du témoignage du père le Cointe qui nous assure que Charlemagne répudia la fille du Roi des Lombards, reprit Himiltrade et garda celle-ci, forcé par les remontrances du Pape et des Evêques, à délivrer la famille royale du scandale de l'adultère; de quelques historiens qui ne font d'Himiltrade qu'une concubine; et d'autres qui fondent les divorces de Charlemagne sur un empêchement dirimant d'où résulta la nullité du lien conjugal. Il nous suffira d'observer que toute infraction faite aux lois, les confirme lorsqu'elle est authentiquement condamnée par la presque unanimité des juges compétens de l'infraction; qu'ainsi l'exemple de Charlemagne milite contre Buonaparte, au lieu de le disculper. Passons à Philippe-Auguste.

Veuf d'Isabelle de Hénaut, ce Roi se marie à Ingeburge, fille de Valdemar, Roi de Danemarck, la fait couronner, et trois mois après

Grégoire II. — Gratien, _Collect._, caus. XXXII, an 18, not.

soutient que le mariage n'a pas été consommé, puis la répudie comme étant sa parente, par Isabelle de Hénaut, sa première femme, à un degré prohibé. Les prélats, les barons du royaume assemblés en Parlement à Compiègne, prononcèrent la sentence que deux légats et un concile nombreux confirmèrent à Paris, et que le pape Célestin annula ; en signifiant à Philippe de ne point se remarier du vivant d'Ingelburge, ce qui n'empêcha pas ce roi d'épouser Agnès de Méranie, fille du duc de Dalmatie. Mais frappés par Innocent III d'un interdit fulminé au concile de Vienne, Philippe et la reine comparurent au concile de Nivelle, le roi promit de reprendre Ingelburge et ne la traita qu'en Reine ; et un concile de Soissons allait le condamner quand tout-à-coup Philippe-Auguste, emmenant Ingelburge, la reconnut pour son épouse et protesta ne vouloir plus s'en séparer. Agnès de Méranie mourut du chagrin de se voir traitée en concubine.

N'admirera-t-on pas l'impudence des sophistes qui prétendent légitimer un divorce sans motif, prononcé par un tribunal sans autorité légale, et qui, s'appuyant pour cela d'un exemple où furent produits des motifs dirimans et dans lequel le principe de l'indissolubilité du mariage est reconnu solennellement, proclamé par huit mois d'interdit lancé sur tout un royaume, par la reprise de l'unique épouse et par le chagrin mortel de celle qui ne put l'être ?

L'allégation de non-consommation fut rejetée; toutes les lois canoniques et civiles ne l'admettent que dans le cas du défaut de forces de la part de l'homme, ou d'une vicieuse construction dans la femme, ce qu'elles appellent *impuissance*; mais le défaut de volonté, qu'elles nomment *antipathie*, n'est jamais reçu comme raison de divorce. Elles espèrent que tôt ou tard l'époux consommera le mariage; car comment présumer qu'on puisse épouser une femme, en face des autels, pour l'abandonner aussitôt et lui faire perdre tout à la fois l'état, la qualité de femme, et les droits qui y sont essentiellement attachés ? Ne serait-ce pas se jouer tout à la fois de la justice, de la bonne foi et du serment ? Car ce n'est pas la consommation du mariage qui en fait l'indissolubilité, qui l'élève à la dignité de sacrement, mais le consentement des conjoints. *Matrimonium non concubitus, sed consensus facit.* L'état du sacerdoce, celui de l'épiscopat sont infiniment saints et néanmoins ils ne rompent pas le mariage.

On alléguerait vainement qu'il y a des canonistes qui, distinguant le *matrimonium ratum* du *matrimonium consummatum*, prétendent que le mari avant la consommation du mariage n'a pas un droit acquis sur la femme, qu'il n'a jusque-là qu'une simple espérance, ce qu'ils veulent expliquer en adaptant au mariage la distinction que les lois Romaines font du *jus in re* et du *jus ad rem*.

Mais cette distinction est fort mal appliquée et suppose une erreur manifeste, savoir, que le mariage n'existe uniquement que par la consommation, et qu'elle est seule le sacrement, malgré cette maxime universellement reçue dans le droit canonique lui-même : *matrimonium non concubitus, sed consensus facit.*

La cohabitation charnelle n'est permise que parce qu'elle a été précédée du mariage, qui la rend légitime. Ce qui fait dire à Saint Ambroise : *Cùm jungitur puella, conjugium est; non cum viri admixtione cognoscitur* (1) ; et à saint Augustin : *Quibus placuerit ex consensu ab usu carnalis concupiscentiæ in perpetuùm continere, absit ut inter illos vinculum conjugale rumpa-*

(1) *L. de Instit. Virginis.*

*tur ; imò firmius erit quo magis ea pacta secum inierint quæ cariùs concordiùsque servanda sunt non voluptariis nexibus corporum, sed voluntariis affectibus animorum. Neque enim fallaciter ab Angelo dictum est ad Josephum, N*OLI TI-*MERE ACCIPERE MARIAM CONJUGEM TUAM. Conjux vocatur ex primâ fide desponsationis, quam concubitû nec cognoverat, nec fuerat cogniturus, nec perierat, nec mendax manserat conjugis appellatio, ubi nec fuerat nec futura erat carnis ulla commixtio* (1). C'est au sujet du mariage de la Vierge et de saint Joseph que ce saint Père ajoute ailleurs (2) : *Hoc exemplo magnifice insinuatur fidelibus conjugatis, etiam servatâ pari consensu continentiâ, posse permanere vocarique conjugium, non permixto corporis sexu, sed custodito mentis affectu.* Ce qui prouve incontestablement que les personnes mariées, qui d'un commun accord gardent la continence dès le premier jour qu'elles habitent ensemble, n'en sont pas moins mariées ; à plus forte raison quand c'est par le caprice de l'un ou de l'autre.

La Faculté de droit de l'université de Paris

---

(1) L. 1, *de Nupt. et Concupiscentiâ,* c. XI, n° 12.
(2) *Lib.* 2, *de Consensu Evang.,* c. 1.

a toujours enseigné à ses élèves que le mariage est, *Viri et mulieris conjunctio, individuam vitæ societatem continens*. Elle explique ensuite ce qu'il faut entendre par ce mot *conjunctio*, et elle répond : *Dicitur CONJUNCTIO, id est societas animorum, non verò complexus corporum, quia nuptias facit consensus, non concubitus. Tamem consensus continet votum tacitum suscipiendæ prolis* (1) ; c'est-à-dire que la procréation des enfans est bien la fin naturelle du mariage; mais que son essence, son intégrité et sa perfection, en sont absolument indépendantes. Car le mariage contracté légitimement est indissoluble. C'est la doctrine formelle de l'Écriture et de la Tradition. C'est une vérité révélée et qui appartient à la Foi. Pour faire une exception à la loi générale, dans le cas de non-consommation, il faudrait que l'exception fût aussi claire, aussi précise que la loi elle-même ; il faudrait une révélation écrite ou constante par la tradition; ou ce qui revient au même, une exception formelle pour le cas dont il s'agit, afin d'être autorisé à rompre une union que Jésus-Christ a déclarée indissoluble. Or,

(1) Cahiers de la Faculté de Droit de l'Université de Paris.

l'Ecriture et la Tradition , aussi bien que les vrais principes du droit civil et canonique déclarent indissoluble tout mariage légitimement contracté. La mort seule , dit l'Apôtre , est capable de le rompre (1). Il subsistera jusqu'à la mort naturelle , et ne sera pas détruit par la mort civile. Ce principe est évident par les plus pures lumières de la raison et par la doctrine constante des docteurs, des pères de l'Eglise et de saint Augustin en particulier.

D'ailleurs comment l'Eglise s'assurerait-elle en bien des cas, si le mariage a été consommé ou non ? Déférerait-elle le serment à l'un ou à l'autre des conjoints, ou admettrait-elle leur serment mutuel? Elle les exposerait à se parjurer. Ordonnerait-elle ces visites aussi incertaines dans leur objet que honteuses par leur nature ? Que d'inconvéniens tout cela eût entraînés ! Le plus sûr, le plus sage était de s'en tenir à la maxime générale de l'indissolubilité du mariage légitimement contracté. Elle fut solennellement reconnue dans cette affaire ; car l'empêchement dirimant, tiré de la parenté et celui d'un maléfice, n'eurent aucun effet légal ; et cependant tous rendirent hommage à

____

(1) *L. Corinth.* VII. 39.

l'indissolubilité religieuse, malgré la politique, en établissant qu'il fallait que le mariage fût nul; que s'il était effectif, il n'y avait point lieu au divorce.

Celui de Buonaparte ne fut, au contraire, l'objet d'aucun reproche de nullité; car l'infécondité résultante de l'âge avancé de la femme, n'a jamais, dans aucun pays, formé une raison de divorce; et l'art. 277 du Code Napoléon déclare ce moyen inadmissible. D'ailleurs, son prétendu divorce fut décidé : 1° par un tribunal que la constitution française avait aboli; 2° contre les lois canoniques qui en réservaient la connaissance exclusivement au Saint-Siége; 3° enfin, par une sentence en contradiction avec les lois religieuses, civiles et de famille, existantes. Au surplus, Joséphine Tascher n'a jamais cessé de jouir du titre d'épouse légitime de Buonaparte, au lieu qu'Agnès de Méranie est traitée de concubine par tous les historiens, et mourut désolée d'avoir été reconnue telle dans l'opinion générale. Or, quelle que soit la facilité des mœurs de parvenus qui n'ont ni foi, ni loi, nous doutons encore qu'ils aient le droit de donner les leurs pour règle à une nation, en établissant une jurisprudence divine et humaine opposée aux formulaires législatifs qu'ils feignirent de jurer. Arrivons à Louis XII, non sans honte de parler d'un prince aussi vertueux, à propos de Napoléon et de son Sénat. *Stupete, gentes !*

Ce monarque articula quatre moyens de nullité contre le lien qui l'unissait depuis long-temps à la reine Jeanne : 1° qu'il était parent de son épouse à un degré qui faisait alors un empêchement dirimant ; 2° qu'il l'avait tenue sur les fonts de baptême ; ce qui faisait encore alors un autre obstacle dirimant, sous le nom d'affinité spirituelle : il faut se reporter au temps ; 3° que le consentement avait été forcé ; ce que les deux parties affirmèrent ; 4° que Jeanne était contrefaite au point que les médecins la jugeaient incapable d'avoir des enfans, et que ses défauts corporels s'opposaient à la consommation du mariage, ce qu'il suffit au roi d'attester par serment, Jeanne se refusant à la visite des matrones. Les commissaires du Pape déclarèrent, en vertu de dispenses pontificales, décision reçue en la Sorbonne et en Cour du Parlement (1), le 22 décembre 1498, que le

(1) Brantome, *Mémoires des Dames illustres.*

mariage avait été *originairement* nul ; que, par conséquent, il était encore nul et de nul effet : sentence qui ne portait aucune atteinte au dogme de l'indissolubilité du mariage , parce que les juges compétens reconnurent que le lien matrimonial n'avait pas été formé , n'avait pas existé.

Remarquons ici que l'erreur, toujours possible dans les jugemens humains ; la mauvaise foi même , trop souvent réelle , bien qu'elle ne soit jamais juridiquement présumable, les motifs allégués par Brantome, les assertions ou conjectures hasardées du peu véridique *Varillas* (1), ni le tremblement de terre , ni la nuit en plein midi, ni *d'autres prodiges furieux*, dont *Borry* (2) fut l'unique témoin , à Paris, le jour de cette sentence; ni les murmures du peuple, cités par Mézerai, ni les miracles qu'Hilarion de Coste assure s'être opérés *au sépulcre de la reine Jeanne de France*, sous Louis XIII,

(1) *Histoire de Louis XII*, livre I, et Mauuscrits de la Bibliothèque du Roi , contenant le Procès pour la nullité du mariage de Louis XII et de Jeanne de France.

(2) *Vie de la reine Jeanne de France*, par Louis de Bory.

né donnent la moindre atteinte à l'*indissolubilité* du mariage des catholiques, puisque celui de Louis XII et de Jeanne de France ne fut pas *dissous*, mais déclaré, par les juges, nul, comme n'ayant point eu d'existence.

Ceux que le despotisme obligea de prononcer sur l'union de Napoléon avec Joséphine, étaient incompétens, et admirent la validité du lien conjugal, qu'ils s'arrogèrent le droit abusif et chimérique de dissoudre, en foulant aux pieds leurs propres lois constitutionnelles et civiles, et le dogme religieux qui fit du mariage un sacrement : *Quod Deus conjunxit, homo non separet*; dogme au sujet duquel saint Augustin dit expressément : « Ces nœuds ne peu- « vent être rompus que par la mort de l'un des « deux conjoints, et ne se mariât-on que pour « avoir des enfans, il n'est pas permis au mari « d'une femme stérile de la quitter pour en « épouser une autre dont la fécondité le flatte- « rait de l'espoir d'être père (1); » dogme que, dans le catholicisme, on ne peut violer pour contracter un nouveau mariage, qu'en com-

(1) *Lib.* I, *de Nup. et Concup.*, cap. X, n° 11, tom. X, col. 285.

mettant le double crime d'adultère et de bigamie.

Des quatre exemples allégués par M. de
Lacépède, le plus choquant est sans contredit
celui du bon Henri IV. Ici la honte et l'hor-
reur de l'inconvenance , ou le tendre respect
qui naît de la gratitude , auraient dû mettre
une garde sur les lèvres du trop complaisant
rapporteur, honoré des bienfaits de l'infortuné
petit-fils de Henri.

« Nous admirerions beaucoup plus le fond
« de son grand mérite , s'il avait vécu cinq ou
« six ans de plus qu'il n'a fait », a dit du meilleur des rois le coryphée des sceptiques mo-
dernes. Que seraient devenues la France et
l'Europe, si Buonaparte eût régné cinq ans de
plus ? Comment a-t-on le front d'assimiler en
rien un roi signalé par sa franchise , sa loyauté
chevaleresque , sa bonté, son amour pour le
peuple , au Corse fourbe , cauteleux , concus-
sionnaire, spoliateur, cruel, qui ne voyait dans
des millions d'hommes *que de la chair à canon?*
Buonaparte se faisait justice, en abhorrant l'ai-
mable souvenir de Henri. Mais revenons aux
mariages.

Le Roi avait pour femme Marguerite de

Valois, fille de Henri II et sœur de Charles IX.
Jamais conjoints ne sympathisèrent aussi peu ;
elle était stérile. Henri IV avait déjà voulu faire
casser cette union si mal assortie, et la princesse y consentait. Il importait au salut, au
repos du royaume, que le Roi eût un fils ; et la
politique d'un monarque légitime et chéri est
d'un tout autre poids que l'intérêt isolé de la
prétendue dynastie d'un aventurier, buveur de
sang et voleur de trônes. Cependant des commissaires du Souverain Pontife firent les infor-
mations requises. On reconnut l'insurmontable
antipathie, la stérilité constatée, une consan-
guinité au degré dirimant, une affinité spirituelle, en ce que Henri II, père de Marguerite,
avait été parrain de Henri IV ; et Marguerite et
neuf témoins des plus qualifiés du royaume,
affirmèrent, par serment, que son frère Charles IX et sa mère Catherine de Médicis la con-
traignirent à ce mariage par des menaces qu'elle
ne put braver, n'ayant alors que dix-neuf ans ;
que ces nœuds lui répugnaient extrêmement,
et que les dispenses obtenues de Rome, à l'insu
des deux parties, ne furent ni communiquées,
ni insinuées, ni fulminées. Sur cet exposé, la
commission pontificale, tribunal compétent,

rendit, le 17 décembre 1599, sa sentence, que le Saint-Siége confirma. On observa donc scrupuleusement les lois de l'Église et celles de l'État, et l'indissolubilité fut respectée, comme dans les trois autres exemples allégués en faveur du procédé contraire, relatif à Buonaparte. L'insigne maladresse du rapporteur nous dispense de relever les exemples qu'il n'a pas eu le front d'articuler.

Il résulte de la discussion dans laquelle nous sommes entrés :

1° Qu'il subsistait un mariage formel, indubitable, entre Napoléon et Joséphine ;

2° Que le simulacre de Sénat qui rompit ce lien en supposa la réalité, se parjura sciemment en violant ses constitutions, et commit un sacrilége ;

3° Que le divorce prononcé le fut par des autorités incompétentes, fantastiques, dérisoires, en opposition avec les lois politiques, criminelles, civiles de la famille soi-disant impériale, avec l'article 277 du Code, surtout avec la loi évangélique, frauduleusement appelée à sanctifier un second mariage ; car ici l'audace du crime aspirait à ne perdre aucun des bénéfices de la vertu ;

4° Que l'officialité de Paris, ridiculement intervenue dans cette affaire, était abolie ;

5° Que les exemples invoqués dans le rapport fait au Sénat, pour justifier la sentence, n'y sont pas applicables, ou la condamnent ;

6° Que, le premier mariage subsistant, le second a mis Napoléon en état de crime de bigamie et d'adultère, et que ce fourbe n'eut pas pour lui la bonne foi qui sauve l'honneur d'une auguste victime;

7° Que si, d'après certain code immoral, la peine encourue par le bigame est prescrite au bout de dix ans (1), les effets et l'opprobre sont imprescriptibles ;

8° Que le mariage subséquent est radicalement nul : la cour de Vienne paraît l'avoir ainsi jugé, puisqu'elle a fait quitter à S. A. I. et R. l'archiduchesse Marie-Louise les noms et les titres d'épouse de Buonaparte ;

9° Enfin, qu'il ne doit rester aucun doute sur la bâtardise de l'enfant long-temps désigné par le sobriquet de *Roi de Rome* ; et c'est sans doute sous ce rapport que la cour de Vienne, très-bien instruite, l'a considéré, puisqu'elle l'a

______

(1) *Code d'Instruction criminelle*, art. 637.

privé de toutes prétentions sur le duché de Parme, à la mort de l'archiduchesse Marie-Louise.

Nous n'insisterons pas sur les bruits publics de substitution clandestine d'un enfant vivant à un mort-né ou à une fille qu'on a pu soustraire à la connaissance de la mère, et qui eussent frustré les vues ambitieuses que Buonaparte avait eues en se remariant. Prévenu, convaincu de tant d'autres forfaits, celui qui fut capable de mettre des faux matériels dans un Concordat, ne réfute point de mauvais bruits par son caractère historique. Il nous suffit d'avoir démontré sa bigamie, pour que l'enfant, supposé ou non, n'ait reçu d'autre état que la bâtardise.

FIN.

ADRIEN EGRON, IMPRIMEUR
DE S. A. R. MONSEIGNEUR DUC D'ANGOULÊME,
RUE DES NOYERS, N° 37.

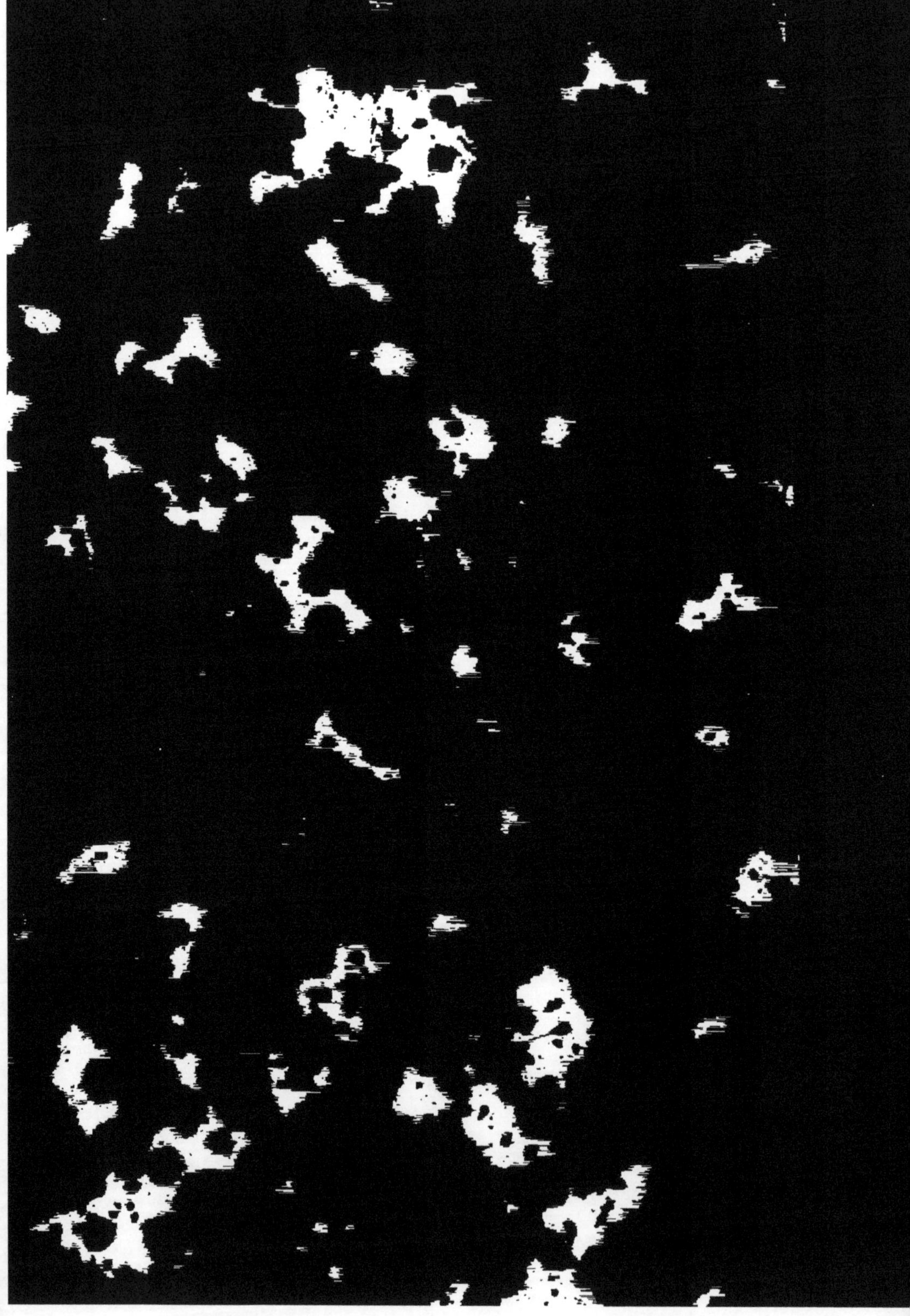

www.ingramcontent.com/pod-product-compliance
Ingram Content Group UK Ltd.
Pitfield, Milton Keynes, MK11 3LW, UK
UKHW010914160726
13695UKWH00007B/1243